せいてん

みなさんへ

仏教《ぶっきょう》という教《おし》えは、約二千五百年前《やくにせんごひゃくねんまえ》に、今《いま》のインドでお釈迦様《しゃかさま》によって説《と》かれました。私《わたし》たちは、誰《だれ》しもが、いろいろな悩《なや》みや苦《くる》しみを抱《かか》えて生《い》きています。お釈迦様《しゃかさま》は、私《わたし》たちに自分一人《じぶんひとり》だけが悩《なや》み苦《くる》しんでいるのではないということをあきらかにされ、どのようにして生《い》きていけばよいのかを教《おし》えてくださいました。

お釈迦様《しゃかさま》が説《と》かれた教《おし》えは、お弟子《でし》を通《とお》して各地《かくち》に伝《つた》わり、その地《ち》の言葉《ことば》に訳《やく》されました。中国《ちゅうごく》で漢字《かんじ》に翻訳《ほんやく》され、日本《にほん》に伝《つた》わってきたのが、私《わたし》たちが今《いま》、おつとめしているお経《きょう》です。この『せいてん』には、「阿弥陀様《あみださま》のおはたらきによって、私《わたし》たちは安心《あんしん》して命《いのち》を生《い》きていくことができる」という浄土真宗《じょうどしんしゅう》の教《おし》えを明《あき》らかにされた、親鸞聖人《しんらんしょうにん》が大切《たいせつ》にされたお経《きょう》が載《の》っています。

この『せいてん』を持《も》たれた皆《みな》さんが、お寺《てら》やお家《うち》の阿弥陀様《あみださま》の前《まえ》でお経《きょう》をおつとめし、親鸞聖人《しんらんしょうにん》が明《あき》らかにされたみ教《おし》えをもとに、自分自身《じぶんじしん》の姿《すがた》を考《かんが》える時間《じかん》を持《も》ってくださることを願《ねが》っています。

少年連盟総裁《しょうねんれんめいそうさい》　大谷《おおたに》　流豆美《るずみ》

もくじ

浄土真宗《じょうどしんしゅう》の教章《きょうしょう》（私《わたし》の歩《あゆ》む道《みち》）

宗名《しゅうめい**》** 浄土真宗《じょうどしんしゅう》

宗祖《しゅうそ》（ご開山《かいさん》） 親鸞聖人《しんらんしょうにん》

ご誕生《たんじょう》 一一七三年五月二十一日（承安《じょうあん》三年四月一日）

ご往生《おうじょう》 一二六三年一月十六日（弘長《こうちょう》二年十一月二十八日）

宗派《しゅうは》 浄土真宗本願寺派《じょうどしんしゅうほんがんじは》

本山《ほんざん》 龍谷山《りゅうこくざん》 本願寺《ほんがんじ》（西本願寺《にしほんがんじ》）

本尊《ほんぞん》 阿弥陀如来《あみだにょらい》（南無阿弥陀仏《なもあみだぶつ》）

聖典《せいてん》 ・釈迦如来《しゃかにょらい》が説《と》かれた「浄土三部経《じょうどさんぶきょう》」

『仏説無量寿経《ぶっせつむりょうじゅきょう》』『仏説観無量寿経《ぶっせつかんむりょうじゅきょう》』『仏説阿弥陀経《ぶっせつあみだきょう》』

・宗祖《しゅうそ》 親鸞聖人《しんらんしょうにん》が著述《ちょじゅつ》された主《おも》な聖教《しょうぎょう》

『正信念仏偈《しょうしんねんぶつげ》』（『教行信証《きょうぎょうしんしょう》』行巻末《ぎょうかんまつ》の偈文《げもん》）

『浄土和讃《じょうどわさん》』『高僧和讃《こうそうわさん》』『正像末和讃《しょうぞうまつわさん》』

・中興《ちゅうこう》の祖《そ》　蓮如上人《れんにょしょうにん》のお手紙《てがみ》
『御文章《ごぶんしょう》』

教義《きょうぎ》

阿弥陀如来《あみだにょらい》の本願力《ほんがんりき》によって信心《しんじん》をめぐまれ、念仏《ねんぶつ》を申《もう》す人生《じんせい》を歩《あゆ》み、この世《よ》の縁《えん》が尽《つ》きるとき浄土《じょうど》に生《う》まれて仏《ぶつ》となり、迷《まよ》いの世《よ》に還《かえ》って人々《ひとびと》を教化《きょうけ》する。

生活《せいかつ》

親鸞聖人《しんらんしょうにん》の教《おし》えにみちびかれて、阿弥陀如来《あみだにょらい》の み心《こころ》を聞《き》き、念仏《ねんぶつ》を称《とな》えつつ、つねにわが身《み》をふりかえり、慚愧《ざんぎ》と歓喜《かんぎ》のうちに、現世祈《げんぜき》祷《とう》などにたよることなく、御恩報謝《ごおんほうしゃ》の生活《せいかつ》を送《おく》る。

宗門《しゅうもん》

この宗門《しゅうもん》は、親鸞聖人《しんらんしょうにん》の教《おし》えを仰《あお》ぎ、念仏《ねんぶつ》を申《もう》す人々《ひとびと》の集《つど》う同朋教団《どうぼうきょうだん》であり、人々《ひとびと》に阿弥陀如来《あみだにょらい》の智慧《ちえ》と慈悲《じひ》を伝《つた》える教団《きょうだん》である。それによって、自他《じた》ともに心豊《こころゆた》かに生《い》きることのできる社会《しゃかい》の実現《じつげん》に貢献《こうけん》する。

三《みっ》つのやくそく

み仏《ほとけ》の　み教《おし》えを　きくものは
なかよく　やさしく　礼《れい》儀《ぎ》正《ただ》しく　いたします

み仏《ほとけ》の　み教《おし》えを　きくものは
くるしみも　かなしみも　よろこびも　わけ合《あ》います

み仏《ほとけ》の　み教《おし》えを　きくものは
こころに　あたたかさを　ことばに　うつくしさを
たいどに　あかるさを　もちます

ちかい

一《ひとつ》、仏《ほとけ》の子《こ》は　すなおにみ教《おし》えをききます

一《ひとつ》、仏《ほとけ》の子《こ》は　かならず約《やく》束《そく》をまもります

一《ひとつ》、仏《ほとけ》の子《こ》は　いつも本《ほん》当《とう》のことをいいます

一《ひとつ》、仏《ほとけ》の子《こ》は　にこにこ仕《し》事《ごと》をいたします

一《ひとつ》、仏《ほとけ》の子《こ》は　やさしい心《こころ》を忘《わす》れません

浄土真宗《じょうどしんしゅう》の生活信条《せいかつしんじょう》

一《ひとつ》、み仏《ほとけ》の誓《ちか》いを信《しん》じ　尊《とうと》いみ名《な》をとなえつつ
強《つよ》く明《あか》るく生《い》き抜《ぬ》きます

一《ひとつ》、み仏《ほとけ》の光《ひか》りをあおぎ　常《つね》にわが身《み》をかえりみて
感謝《かんしゃ》のうちに励《はげ》みます

一《ひとつ》、み仏《ほとけ》の教《おし》えにしたがい　正《ただ》しい道《みち》を聞《き》きわけて
まことのみのりをひろめます

一《ひとつ》、み仏《ほとけ》の恵《めぐ》みを喜《よろこ》び　互《たが》いにうやまい助《たす》けあい
社会《しゃかい》のために尽《つく》します

正《しょう》信《しん》念《ねん》仏《ぶつ》偈《げ》

右草《そう》譜《ふ》

左行《ぎょう》譜《ふ》

しんじんのうた

㈠

㈡

正信念仏偈《しょうしんねんぶつげ》（正信偈《しょうしんげ》）

『正信念仏偈《しょうしんねんぶつげ》』は、親鸞聖人《しんらんしょうにん》が書《か》かれた『教行信証《きょうぎょうしんしょう》』にあります。

「正信《しょうしん》」とは、阿弥陀《あみだ》さまの願《ねが》いをうたがいなく聞《き》いていること。「念仏《ねんぶつ》」とは、口《くち》に南無阿弥陀仏《なもあみだぶつ》と称《とな》えることで、阿弥陀《あみだ》さまからいただいた真実《しんじつ》のおこないです。

「偈《げ》」とは、うたのことです。

まず、いつでもどこでも私《わたし》を願《ねが》い、どんなことがあっても私《わたし》から離《はな》れない阿弥陀《あみだ》さまに出遇《であ》われたよろこびをうたわれます。

次《つぎ》に、阿弥陀《あみだ》さまのおはたらきであるお念仏《ねんぶつ》を私《わたし》たちに伝《つた》えてくださったインド・中国《ちゅうごく》・日本《にほん》のお坊《ぼう》さま方《がた》のご苦労《くろう》をたたえ、ともに聞《き》いていきましょうとおすすめくださっています。

「和讃《わさん》」は、『教行信証《きょうぎょうしんしょう》』のおこころを日本《にほん》の言葉《ことば》でたたえられたうたです。

蓮如上人《れんにょしょうにん》の時代《じだい》から朝夕《あさゆう》のおつとめとして親《した》しまれています。

「しんじんのうた」は、この『正信念仏偈《しょうしんねんぶつげ》』のおこころをやさしい言葉《ことば》でおつとめできるようにしたものです。

記号《きごう》の解説《かいせつ》

 音符《おんぷ》の音《おと》の高《たか》さで唱《とな》えはじめます

 調声人《ちょうしょうにん》が一人《ひとり》で唱《とな》えるところです

 一同《いちどう》が続《つづ》けて唱和《しょうわ》するところです

 リン（小型《こがた》のキン）を打《う》つところです

㊞引 二拍《にはく》で唱《とな》えます

ー 唱《とな》え方《かた》が普通《ふつう》の速《はや》さと異《こと》なります
〔例〕 超発《ちょうほつ》希ー有《けーう》大ー《だーい》弘《ぐ》誓《ぜい》（15ページ）
（「希《け》」を一拍半《いっぱくはん》、「有《う》」を半拍《はんぱく》で唱《とな》える）

（ワル） 文字《もじ》を一字《いちじ》ずつ割《わ》って唱《とな》えます
〔例〕 照《せう》（ワル）曜《えう》（ワル）（52ページ）
（セ・ウ、エ・ウと読《よ》む）

㊦ 八調《ちょう》の「ソ」から「レ」に下《さ》げて唱《とな》えます

〔礼《らい》讃《さん》文《もん》〕

われ今幸《いまさいわ》いに

まことのみ法《のり》を聞《き》いて
限《かぎ》りなきいのちをたまわり
如来《にょらい》の大悲《だいひ》にいだかれて
安《やす》らかに日々《にちにち》をおくる
謹《つつし》んで
深《ふか》きめぐみをよろこび
尊《とうと》きみ教《おし》えをいただきまつらん

八調レ

帰《き》命《みょう(引)》無《む》量《りょう》寿《じゅ》如《にょ》来《らい(引)》

南《な》無《も》不《ふ》可《か》思《し》議《ぎ》光《こう(引)》

法《ほう》蔵《ぞう》菩《ぼ》薩《さつ》因《いん》位《に》時《じ(引)》

在《ざい》世《せ》自《じ》在《ざい》王《おう》仏《ぶっ》所《しょ(引)》

しんじんのうた (一)

八調ミ

ひかりといのち きわみなき

阿弥陀《あみだ》ほとけを 仰《あお》がなん

法蔵《ほうぞう》比丘《びく》の いにしえに

世自在王《せじざいおう》の みもとにて

覩《と》見《けん》諸《しょ》仏《ぶつ》浄《じょう》土《ど》因《いん》(引)
国《こく》土《ど》人《にん》天《でん》之《し》善《ぜん》悪《まく》(引)
建立《こんりゅう》無《む》上殊勝《じょうしゅしょう》願《がん》(引)
超発《ちょうほっ》希《け》(引)有《う》大《だい》(引)弘《ぐ》誓《ぜい》(引)

諸仏《しょぶつ》浄土《じょうど》の 因《もと》たずね
人天《ひと》のよしあし みそなわし
すぐれし願《がん》を 建《た》てたまい
まれなる誓《ちか》い おこします

五《ご》劫《こう》思《し》惟《ゆい》之《し》摂受《しょうじゅ》(引)
重誓《じゅうせい》名声聞《みょうしょうもん》十方《じっぽう》(引)
普《ふ》放《ほう》無《む》量《りょう》無《む》辺《へん》光《こう》(引)
無《む》碍《げ》無《む》対《たい》光《こう》炎《えん》王《のう》(引)

ながき思惟《しゆい》の 時《とき》へてぞ
この願選《がんえら》び 取《と》りませり
かさねてさらに 誓《ちこ》うらく
わが名《な》よひろく 聞《きこ》えかし

清《しょう》浄《じょう》歓《かん》喜《ぎ》智《ち》慧《え》光《こう》(引)
不《ふ》断《だん》難《なん》思《じ》無《む》称《しょう》光《こう》(引)
超《ちょう》日《にち》月《がっ》光《こう》照《しょう》塵《じん》刹《せっ》(引)
一《いっ》切《さい》群《ぐん》生《じょう》蒙《む》光《こう》照《しょう》(引)

十二《じゅうに》のひかり　放《はな》ちては
あまたの国《くに》を　照《て》らします
生《い》きとしいくる　ものすべて
このみひかりの　うちにあり

本《ほん》願《がん》名《みょう》号《ごう》正《しょう》定《じょう》業《ごう》(引)

至《し》心《しん》信《しん》楽《ぎょう》願《がん》為《に》因《いん》(引)

成《じょう》等《とう》覚《がく》証《しょう》大《だい》涅《ね》槃《はん》(引)

必《ひっ》至《し》滅《めつ》度《ど》願《がん》成《じょう》就《じゅ》(引)

本願成就《ほんがんじょうじゅ》の そのみ名《な》を

信《しん》ずるこころ ひとつにて

ほとけのさとり ひらくこと

願《ねが》い成《な》りたる しるしなり

如《にょ》来《らい》所《しょ》以《い》(引)興《こう》出《しゅっ》世《せ》(引)
唯《ゆい》説《せつ》弥《み》陀《だ》本《ほん》願《がん》海《かい》(引)
五《ご》濁《じょく》悪《あく》時《じ》群《ぐん》生《じょう》海《かい》(引)
応《おう》信《しん》如《にょ》来《らい》如《にょ》実《じつ》言《ごん》(引)

教主《きょうしゅ》世《せ》尊《そん》は　弥《み》陀《だ》仏《ぶつ》の
誓《ちか》い説《と》かんと　生《あ》れたもう
にごりの世《よ》にし　まどうもの
おしえのまこと　信《しん》ずべし

能《のう》発《ほつ》一《いち》念《ねん》喜《き》愛《あい》心《しん》(引)
不《ふ》断《だん》煩《ぼん》悩《のう》得《とく》涅《ね》槃《はん》(引)
凡《ぼん》聖《じょう》逆《ぎゃく》謗《ほう》斉《さい》回《え》入《にゅう》(引)
如《にょ》衆《しゅ》水《しい》入《にゅう》海《かい》一《いち》味《み》(引)

信心《しんじん》ひとたび　おこりなば
煩悩《なやみ》を断《た》たで　涅槃《すくい》あり
水《みず》のうしおと　なるがごと
凡夫《ぼんぶ》とひじり　一味《いちみ》なり

摂《せっ》取《しゅ》心《しん》光《こう》常《じょう》照《しょう》護《ご》 引

已《い》能《のう》雖《すい》破《は》無《む》明《みょう》闇《あん》 引

貪《とん》愛《ない》瞋《しん》憎《ぞう》之《し》雲《うん》霧《む》 引

引 常《じょう》覆《ふ》真《しん》実《じつ》信《しん》心《じん》天《てん》 引

摂取《すくい》のひかり あきらけく

無明《うたがい》の闇《やみ》 晴《は》れ去《さ》るも

まどいの雲《くも》は 消《き》えやらで

つねに信心《まこと》の そら覆《おお》う

譬《ひ》如《にょ》日《にっ》光《こう》覆《ふ》雲《うん》霧《む》(引)
雲《うん》霧《む》之《し》下《げ》明《みょう》(引)無《む》闇《あん》(引)
獲《ぎゃく》信《しん》見《けん》敬《きょう》大《だい》慶《きょう》喜《き》(引)
即《そく》横《おう》超《ちょう》截《ぜつ》五《ご》悪《あく》趣《しゅ》(引)

よし日《ひ》の雲《くも》に　隠《かく》るとも
下《した》に闇《やみ》なき　ごとくなり
信心《しんじん》よろこび　うやまえば
まよいの道《みち》は　截《た》ちきられ

一《いっ》切《さい》善《ぜん》悪《まく》凡《ぼん》夫《ぶ》人《にん》(引)

聞《もん》信《しん》如《にょ》来《らい》弘《ぐ》誓《ぜい》願《がん》(引)

仏《ぶっ》言《ごん》広《こう》大《だい》勝《しょう》解《げ》者《しゃ》(引)

是《ぜ》人《にん》名《みょう》(引)分《ふん》陀《だ》利《り》華《け》

ほとけの誓《ちか》い 信《しん》ずれば

いとおろかなる ものとても

すぐれし人《ひと》と ほめたまい

白蓮華《びゃくれんげ》とぞ たたえます

弥《み》陀《だ》仏《ぶつ》本《ほん》願《がん》念《ねん》仏《ぶつ》(引)
邪《じゃ》見《けん》憍《きょう》慢《まん》悪《なく》衆《しゅ》生《じょう》(引)
信《しん》楽《ぎょう》受《じゅ》持《じ》甚《じん》以《に》難《なん》(引)
難《なん》中《ちゅう》之《し》難《なん》無《む》過《か》斯《し》(引)

南《な》無《も》阿《あ》弥《み》陀《だ》仏《ぶ》の みおしえは
おごり・たかぶり・よこしまの
次第にゆっくり
はかろう身《み》にて 信《しん》ぜんに
難《かた》きなかにも なおかたし

☞68ページへ（念仏《ねんぶつ》・和讃《わさん》・回向句《えこうく》）

印度《いんど》西天《さいてん》之《し》論家《ろんげ》
中夏《ちゅうか》日域《じちいき》之《し》高僧《こうそう》
顕《けん》大聖《だいしょう》興世《こうせ》正意《しょうい》
明如来《みょうにょらい》本誓《ほんぜい》応機《おうき》

しんじんのうた(二)

八調ミ

七高僧《しちこうそう》は ねんごろに

釈迦《しゃか》のみこころ あらわして
弥陀《みだ》の誓《ちか》いの 正機《めあて》をば
われらにありと あかします

釈《しゃ》迦《か》如《にょ》来《らい》楞《りょう》伽《が》山《せん》
為《い》衆《しゅ》告《ごう》命《みょう》南《なん》天《てん》竺《じく》
龍《りゅう》樹《じゅ》大《だい》士《じ》出《しゅっ》於《と》世《せ》
悉《しつ》能《のう》摧《ざい》破《は》有《う》無《む》見《けん》

楞《りょう》伽《が》の山《やま》に　釈《しゃ》迦《か》説《と》けり
南《なん》天《てん》竺《じく》に　比《び》丘《く》ありて
よこしまくじき　真実《まこと》のべ
安《あん》楽《らっ》国《こく》に　うまれんと

宣《せん》説《ぜっ》大《だい》乗《じょう》無《む》上《じょう》法《ほう》
証《しょう》歓《かん》喜《ぎ》地《じ》生《しょう》安《あん》楽《らく》
顕《けん》示《じ》難《なん》行《ぎょう》陸《ろく》路《ろ》苦《く》
信《しん》楽《ぎょう》易《い》行《ぎょう》水《しい》道《どう》楽《らく》

みことのままに　あらわれし
龍《りゅう》樹《じゅ》大《だい》士《じ》は　おしえます
陸《くが》路《じ》のあゆみ　難《かた》けれど
船《ふな》路《じ》の旅《たび》の　易《やす》きかな

憶念《おくねん》弥《み》陀《だ》仏《ぶつ》本《ほん》願《がん》(引)
自《じ》(引)然《ねん》(引)即《そく》(引)時《じ》(引)入《にゅう》必《ひつ》定《じょう》(引)
唯《ゆい》能《のう》常《じょう》称《しょう》如《にょ》来《らい》号《ごう》(引)
応《おう》報《ほう》大《だい》(引)悲《ひ》弘《ぐ》誓《ぜい》恩《おん》(引)

弥陀《みだ》の誓《ちか》いに 帰《き》しぬれば
不退《ふたい》のくらい 自然《じねん》なり
ただよくつねに み名《な》となえ
ふかきめぐみに こたえかし

天《てん》親《じん》菩《ぼ》薩《さつ》造《ぞう》論《ろん》説《せつ》(引)
帰《き》命《みょう》無《む》碍《げ》光《こう》如《にょ》来《らい》(引)
依《え》修《しゅ》多《た》羅《ら》顕《けん》真《しん》実《じつ》(引)
光《こう》闡《せん》横《おう》超《ちょう》大《だい》誓《せい》願《がん》(引)

天《てん》親《じん》菩《ぼ》薩《さつ》 論《ろん》を説《と》き
ほとけのひかり 仰《あお》ぎつつ
おしえのまこと あらわして
弥陀《みだ》の誓《ちか》いを ひらきます

広《こう》由《ゆ》本《ほん》願《がん》力《りき》回《え》向《こう》
為《い》度《ど》群《ぐん》生《じょう》彰《しょう》一《いっ》心《しん》
帰《き》入《にゅう》功《く》徳《どく》大《だい》宝《ほう》海《かい》
必《ひっ》獲《ぎゃく》入《にゅう》大《だい》会《え》衆《しゅ》数《しゅ》

本《ほん》願《がん》力《りき》の めぐみゆえ
ただ一心《いっしん》の 救《すく》いかな
ほとけのみ名《な》に 帰《き》してこそ
浄土《じょうど》の聖衆《ひと》の かずに入《い》れ

得《とく》至《し》蓮《れん》華《げ》蔵《ぞう》世《せ》界《かい》(引)
即《そく》証《しょう》真《しん》如《にょ》法《ほっ》性《しょう》身《じん》(引)
遊《ゆう》煩《ぼん》悩《のう》林《りん》現《げん》神《じん》通《ずう》(引)
入《にゅう》生《しょう》死《じ》園《おん》示《じ》応《おう》化《げ》(引)

蓮華《はちす》の国《くに》に うまれては
真如《しんにょ》のさとり ひらきてぞ
生死《しょうじ》の園《その》に かえりきて
まよえる人《ひと》を 救《すく》うなり

本《ほん》師《し》曇《どん》鸞《らん》梁《りょう》天《てん》子《し》(引)
常《じょう》向《こう》鸞《らん》処《しょ》菩《ぼ》薩《さつ》礼《らい》(引)
三《さん》蔵《ぞう》流《る》支《し》授《じゅ》浄《じょう》教《きょう》(引)
梵《ぼん》焼《じょう》仙《せん》経《ぎょう》帰《き》楽《らく》邦《ほう》(引)

曇《どん》鸞《らん》大《だい》師《し》　徳《とく》たかく
梁《りょう》の天《てん》子《し》に　あがめらる
三《さん》蔵《ぞう》流《る》支《し》に　みちびかれ
仙《せん》経《ぎょう》すてて　弥《み》陀《だ》に帰《き》す

天《てん》親《じん》菩《ぼ》薩《さつ》論《ろん》註《ちゅう》解《げ》(引)
報《ほう》土《ど》因《いん》果《が》顕《けん》誓《せい》願《がん》(引)
往《おう》還《げん》回《ね》向《こう》由《ゆ》他《た》力《りき》(引)
正定《しょうじょう》之《し》因《いん》唯《ゆい》信《しん》心《じん》(引)

天《てん》親《じん》の論《ろん》　釈《しゃく》しては
浄土《じょうど》にうまるる　因《いん》も果《か》も
往《ゆ》くも還《かえ》るも　他力《たりき》ぞと
ただ信心《しんじん》を　すすめけり

惑《わく》染《ぜん》凡《ぼん》夫《ぶ》信《しん》心《じん》発《ぽっ》
証《しょう》知《ち》生《しょう》死《じ》即《そく》涅《ね》槃《はん》
必《ひっ》至《し》無《む》量《りょう》光《こう》明《みょう》土《ど》
諸《しょ》有《う》衆《しゅ》生《じょう》皆《かい》普《ふ》化《け》

まどえる身《み》にも 信《しん》あらば
生死《まよい》のままに 涅槃《すくい》あり
ひかりの国《くに》に いたりては
あまたの人《ひと》を 救《すく》うべし

道《どう》綽《しゃっ》決《けっ》聖《しょう》道《どう》難《なん》証《しょう》 (引)
唯《ゆい》明《みょう》浄《じょう》土《ど》可《か》通《つう》入《にゅう》 (引)
万《まん》善《ぜん》自《じ》力《りき》貶《へん》勤《ごん》修《しゅ》 (引)
円《えん》満《まん》徳《とく》号《ごう》勧《かん》専《せん》称《しょう》 (引)

道綽禅師《どうしゃくぜんじ》 あきらかに
聖道《しょうどう》・浄土《じょうど》の 門《かど》わかち
自力《じりき》の善《ぜん》を おとしめて
他力《たりき》の行《ぎょう》を すすめつつ

三《さん》不《ぷ》三《さん》信《しん》誨《け》慇《おん》懃《ごん》
像《ぞう》末《まつ》法《ほう》滅《めつ》同《どう》悲《ひ》引《いん》
一《いっ》生《しょう》造《ぞう》悪《あく》値《ち》弘《ぐ》誓《ぜい》
次第にゆっくり
至《し》安《あん》養《にょう》界《がい》証《しょう》妙《みょう》果《か》

信《しん》と不信《ふしん》を ねんごろに
末《すえ》の世《よ》かけて おしえます
一生《いっしょう》悪《あく》を 造《つく》るとも
弘誓《ぐぜい》に値《あ》いて 救《すく》わるる

八調ソ

善《ぜん》導《どう》独《どく》明《みょう》仏《ぶっ》正《しょう》意《い》

矜《こう》哀《あい》定《じょう》散《さん》与《よ》逆《ぎゃく》悪《あく》

光《こう》明《みょう》名《みょう》号《ごう》顕《けん》因《いん》縁《ねん》

開《かい》入《にゅう》本《ほん》願《がん》大《だい》智《ち》海《かい》

善導《ぜんどう》大師《だいし》 ただひとり

釈迦《しゃか》の正意《しょうい》を あかしてぞ

自力《じりき》の凡夫《ぼんぶ》 あわれみて

ひかりとみ名《な》の 因縁《いわれ》説《と》く

行《ぎょう》者《じゃ》正《しょう》受《じゅ》金《こん》剛《ごう》心《しん》
慶《きょう》喜《き》一《いち》念《ねん》相《そう》応《おう》後《ご》
与《よ》韋《い》提《だい》等《とう》獲《ぎゃく》三《さん》忍《にん》
即《そく》証《しょう》法《ほっ》性《しょう》之《し》常《じょう》楽《らく》

誓《ちか》いの海《うみ》に 入《い》りぬれば
信《しん》をよろこぶ 身《み》となりて
韋《い》提《だい》のごとく 救《すく》われつ
やがてさとりの 花《はな》ひらく

源《げん》信《しん》広《こう》開《かい》一《いち》代《だい》教《きょう》
偏《へん》帰《き》安《あん》養《にょう》勧《かん》一《いっ》切《さい》
専《せん》雑《ぞう》執《しゅう》心《しん》判《はん》浅《せん》深《じん》
報《ほう》化《け》二《に》土《ど》正《しょう》弁《べん》立《りゅう》

源《げん》信《しん》和《か》尚《しょう》 弥《み》陀《だ》に帰《き》し
おしえかずある そのなかに
真実報土《まことのくに》に うまるるは
ふかき信《しん》にぞ よると説《と》く

極《ごく》重《じゅう》悪《あく》人《にん》唯《ゆい》称《しょう》仏《ぶつ》
我《が》亦《やく》在《ざい》彼《ひ》摂《せっ》取《しゅ》中《ちゅう》
煩《ぼん》悩《のう》障《しょう》眼《げん》雖《すい》不《ふ》見《けん》
大《だい》悲《ひ》無《む》倦《けん》常《じょう》照《しょう》我《が》

罪《つみ》の人々《ひとびと》 み名《な》をよべ
われもひかりの うちにあり
まどいの眼《め》には 見《み》えねども
ほとけはつねに 照《て》らします

本《ほん》師《し》源《げん》空《く》明《みょう》仏《ぶっ》教《きょう》(引)

憐《れん》愍《みん》善《ぜん》悪《まく》凡《ぼん》夫《ぶ》人《にん》(引)

真《しん》宗《しゅ》教《きょう》証《しょう》興《こう》片《へん》州《しゅう》(引)

(下)選《せん》択《じゃく》本《ほん》願《がん》弘《ぐ》悪《あく》世《せ》(引)

源《げん》空《く》聖《しょう》人《にん》 智《ち》慧《え》すぐれ

おろかなるもの あわれみて

浄《じょう》土《ど》真《しん》宗《しゅ》 おこしては

本《ほん》願《がん》念《ねん》仏《ぶっ》 ひろめます

還《げん》来《らい》生《しょう》死《じ》輪《りん》転《でん》家《げ》
決《けっ》以《ち》疑《ぎ》情《じょう》為《い》所《しょ》止《し》
速《そく》入《にゅう》寂《じゃく》静《じょう》無《む》為《い》楽《らく》
必《ひっ》以《ち》信《しん》心《じん》為《い》能《のう》入《にゅう》

まよいの家《いえ》に かえらんは
疑《うたご》う罪《つみ》の あればなり
さとりの国《くに》に うまるるは
ただ信心《しんじん》に きわまりぬ

弘《ぐ》経《きょう》大《だい》士《じ》宗《しゅ》師《し》等《とう》
拯《じょう》済《さい》無《む》辺《へん》極《ごく》濁《じょく》悪《あく》
道《どう》俗《ぞく》時《じ》衆《しゅ》共《ぐ》同《どう》心《しん》

次第にゆっくり

唯《ゆい》可《か》信《しん》斯《し》高《こう》僧《そう》説《せつ》

七《しち》高《こう》僧《そう》は　あわれみて
われらをおしえ　すくいます

次第にゆっくり

世のもろびとよ　みなともに
このみさとしを　信《しん》ずべし

☞68ページへ（念仏《ねんぶつ》・和讃《わさん》・回向句《えこうく》）

南《な》無《も》阿《あ》弥《み》陀《だ》ん仏《ぶ》

南《な》無《も》阿《あ》弥《み》陀《だ》ん仏《ぶ》

南《な》無《も》阿《あ》弥《み》陀《だ》ん仏《ぶ》

南《な》無《も》阿《あ》弥《み》陀《だ》ん仏《ぶ》

南《な》無《も》阿《あ》弥《み》陀《だ》ん仏《ぶ》

南《な》無《も》阿《あ》弥《み》陀《だ》ん仏《ぶ》

南《な》

弥陀成仏《みだじょうぶつ》のこのかたは
いまに十劫《じっこう》をへたまへ《え》り
法身《ほっしん》の光輪《こうりん》きは《わ》もなく
世《せ》の盲冥《もうみょう》をてらすなり

南《な》無《も》阿《あ》弥《み》陀《だ》仏《ぶ》
南《な》無《も》阿《あ》弥《み》陀《だ》仏《ぶ》
南《な》無《も》阿《あ》弥《み》陀《だ》仏《ぶ》
南《な》無《も》阿《あ》弥《み》陀《だ》仏《ぶ》
南《な》

八調レ

智慧《ちえ》の光明《こうみょう》はかりなし

有量《うりょう》の諸相《しょそう》ことごとく

光暁《こうけう》(ワル)かふらぬものはなし

真実明《しんじつみょう》に帰《き》命《みょー》せよ

南《な》無《も》阿《あ》弥《み》陀《だ》仏《ぶ》

南《な》無《も》阿《あ》弥《み》陀《だ》仏《ぶ》

南《な》無《も》阿《あ》弥《み》陀《だ》仏《ぶ》

南《な》無《も》

二重　八調ミ

阿《あ》弥《み》陀《だ》ん仏《ぶ》う

南《な》無《も》阿《あ》弥《み》陀《だ》ん仏《ぶ》

南《な》無《も》阿《あ》弥《み》陀《だ》ん仏《ぶ》

南《な》無《も》阿《あ》弥《み》陀《だ》ん仏《ぶ》う

南《な》無《も》阿《あ》弥《み》陀《だ》ん仏《ぶ》

南《な》無《も》阿《あ》弥《み》陀《だ》ん仏《ぶ》

南《な》無《も》阿《あ》弥《み》陀《だ》ん仏《ぶ》

南《な》

解脱《げだつ》の光輪《こうりん》きは《わ》もなし

光触《こうそく》かふ《む》るものはみな

有無《うむ》をはなるとのべたまふ《もお》

平等覚《びょうどうかく》に帰命《きみょー》せよ

南《な》無《も》阿《あ》弥《み》陀《だ》仏《ぶ》

南《な》無《も》阿《あ》弥《み》陀《だん》仏《ぶ》

南《な》無《も》阿《あ》弥《み》陀《だん》仏《ぶ》

南《な》無《も》阿《あ》弥《み》陀《だん》仏《ぶ》

南《な》

四首目　八調レ

光《こう》雲《うん》無《む》碍《げ》如《にょ》虚《こ》空《くう》

一切《いっさい》の有《う》碍《げ》にさは《わ》りなし

光沢《こうたく》かふ《む》らぬものぞなき

難《なん》思《じ》議《ぎ》を帰命《きみょー》せよ

南《な》無《も》阿《あ》弥《み》陀《だ》仏《ぶ》

南《な》無《も》阿《あ》弥《み》陀《だ》仏《ぶ》

南《な》無《も》阿《あ》弥《み》陀《だ》仏《ぶ》

南《な》無《も》阿《あ》弥《み》陀《だ》ん仏《ぶ》

南《な》無《も》阿《あ》弥《み》陀《だ》ん仏《ぶ》

南《な》無《も》阿《あ》弥《み》陀《だ》ん仏《ぶ》

南《な》無《も》阿《あ》弥《み》陀《だ》ん仏《ぶ》

南《な》無《も》阿《あ》弥《み》陀《だ》ん仏《ぶ》

南《な》無《も》阿《あ》弥《み》陀《だ》ん仏《ぶ》

南《な》無《も》阿《あ》弥《み》陀《だ》ん仏《ぶ》

南《な》

清浄光明《しょうじょうこうみょう》ならびなし

遇《ぐ》斯《し》光《こう》のゆへ《え》なれば

一切《いっさい》の業繋《ごっけ》ものぞこりぬ

畢竟依《ひっきょうえ》を帰命《きみょー》せよ

南《な》無《も》阿《あ》弥《み》陀《だ》仏《ぶ》

南《な》無《も》阿《あ》弥《み》陀《だ》仏《ぶ》

南《な》無《も》阿《あ》弥《み》陀《だ》仏《ぶ》

南《な》無《も》阿《あ》弥《み》陀《だ》仏《ぶ》

南《な》

八調ソ

仏《ぶっ》光《こう》照《せう》(ワル)曜《えう》(ワル)最《さい》第《だい》一《いち》

光《こう》炎《えん》王《のう》仏《ぶっ》となづけたり

三《さん》途《ず》の黒《こく》闇《あん》ひらくなり

大《だい》応《おう》供《ぐ》を帰《き》命《みょー》せよ

回《え》向《こう》

八調ミ

願《がん》以《に》此《し》功《く》徳《どく》

平《びょう》等《どう》施《せ》一《いっ》切《さい》

同《どう》発《ほっ》菩《ぼ》提《だい》心《しん》

往《おう》生《じょう》安《あん》楽《らっ》国《こ(く)》

らいはいのうた

十《じゅう》二《に》礼《らい》

らいはいのうた（『十二礼《じゅうにらい》』の意訳勤行《いやくごんぎょう》）

インドの龍樹菩薩《りゅうじゅぼさつ》がつくられた『十二礼《じゅうにらい》』を、やさしい言葉《ことば》でおつとめできるようにしたものです。

阿弥陀《あみだ》さまのお徳《とく》や、お浄土《じょうど》の様子《ようす》などをたたえるこころが十二《じゅうに》回《かい》出《で》てくるので『十二礼《じゅうにらい》』と呼《よ》ばれ、ともにお浄土《じょうど》へ生《う》まれたいと願《ねが》われています。

〔礼《らい》讃《さん》文《もん》〕

われ今幸《いまさいわ》いに
まことのみ法《のり》を聞《き》いて
限《かぎ》りなきいのちをたまわり
如来《にょらい》の大悲《だいひ》にいだかれて
安《やす》らかに日々《にちにち》をおくる
謹《つつし》んで
深《ふか》きめぐみをよろこび
尊《とうと》きみ教《おし》えをいただきまつらん

意訳勤行《いやくごんぎょう》の譜《ふ》について

意訳勤行《いやくごんぎょう》の譜《ふ》は五線譜《ごせんふ》にもとづくもので、それぞれの横線《よこせん》の音《おと》の高《たか》さを上《うえ》のように決《き》めています。太《ふと》い線《せん》と細《ほそ》い線《せん》は、わかりやすいように音《おと》の高《たか》さをわけたものです

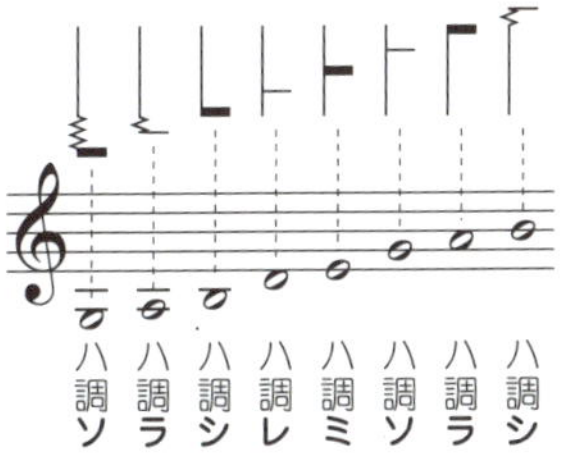

▼印《しるし》はその音《おと》より半音低《はんおんひく》い音《おと》で唱《とな》えます

一拍《いっぱく》で唱《とな》えます

二拍《にはく》で唱《とな》えます

v
息《いき》つぎをします

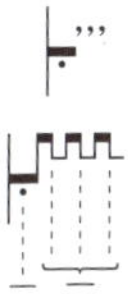

で唱《とな》えます

次第《しだい》に声《こえ》を落《お》とすように下《さ》げて唱《とな》えます

八調ミ

天人《てんにん》ともに　仰《あお》ぎみる
阿弥陀《あみだ》ほとけの　尊《とうと》しや
安《やす》けき国《くに》に　かのほとけ
あまたの子《こ》らを　率《ひき》います

八調ミ

稽《け》首《しゅ》天《てん》人《にん》所《しょ》恭《く》敬《ぎょう》
阿《あ》弥《み》陀《だ》仙《せん》両《りょう》足《ぞく》尊《そん》
在《ざい》彼《ひ》微《み》妙《めう》(ワル)安《あん》楽《らっ》国《こく》
無《む》量《りょう》仏《ぶっ》子《し》衆《しゅ》囲《い》繞《ねう》(ワル)

けだかき姿《すがた》　須弥《しゅみ》のごと
しずけき歩《あゆ》み　象《ぞう》に似《に》て
やさしきまなこ　澄《す》みとおる
阿弥陀《あみだ》ほとけを　おがまなん

金《こん》色《じき》身《しん》浄《じょう》如《にょ》山《せん》王《のう》
奢《しゃ》摩《ま》他《た》行《ぎょう》如《にょ》象《ぞう》歩《ぶ》
両《りょう》目《もく》浄《じょう》若《にゃく》青《しょう》蓮《れん》華《げ》
故《こ》我《が》頂《ちょう》礼《らい》弥《み》陀《だ》尊《そん》

み顔《かお》うるわし 満月《まんがつ》よ
みいずは月日《つきひ》に 超《こ》えすぐれ
み声《こえ》は倶翅羅《くしら》に さも似《に》たる
阿弥陀《あみだ》ほとけを おがまなん

面《めん》善《ぜん》円《えん》浄《じょう》如《にょ》満《まん》月《がつ》
威《い》光《こう》猶《ゆ》如《にょ》千《せん》日《にち》月《がつ》
声《しょう》如《にょ》天《てん》鼓《く》倶《く》翅《し》羅《ら》
故《こ》我《が》頂《ちょう》礼《らい》弥《み》陀《だ》尊《そん》

観《かん》音《のん》薩《さっ》埵《た》の 冠《かんむり》に
やどれる相《すがた》 いと妙《たえ》に
悪《あく》魔《ま》・外《げ》道《どう》も くじきます
阿《あ》弥《み》陀《だ》ほとけを おがまなん

観《かん》音《のん》頂《ちょう》戴《だい》冠《かん》中《ちう》(ワル)住《じう》(ワル)
種《しゅ》種《じゅ》妙《めう》(ワル)相《そう》宝《ほう》荘《しょう》厳《ごん》
能《のう》伏《ぶく》外《げ》道《どう》魔《ま》憍《けう》(ワル)慢《まん》
故《こ》我《が》頂《ちょう》礼《らい》弥《み》陀《だ》尊《そん》

み徳《とく》すぐれて　ならびなく
虚空《おおぞら》のごと　澄《す》みわたり
思《おも》いのままに　救《すく》います
阿弥陀《あみだ》ほとけを　おがまなん

無《む》比《び》無《む》垢《く》広《こう》清《しょう》浄《じょう》
衆《しゅ》徳《とく》皎《けう》(ワル)潔《けつ》如《にょ》虚《こ》空《く》
所《しょ》作《さ》利《り》益《やく》得《とく》自《じ》在《ざい》
故《こ》我《が》頂《ちょう》礼《らい》弥《み》陀《だ》尊《そん》

つねにわれらを 摂《おさ》め取《と》る

とうとき願《がん》に 生《い》きたまい

菩薩《ぼさつ》・魔性《ましょう》も ほめたとう

阿弥陀《あみだ》ほとけを おがまなん

十《じっ》方《ぽう》名《みょう》聞《もん》菩《ぼ》薩《さつ》衆《しゅ》

無《む》量《りょう》諸《しょ》魔《ま》常《じょう》讃《さん》歎《だん》

為《い》諸《しょ》衆《しゅ》生《じょう》願《がん》力《りき》住《じう》(ワル)

故《こ》我《が》頂《ちょう》礼《らい》弥《み》陀《だ》尊《そん》

黄金《こがね》の池《いけ》に ひらく花《はな》
これぞ善《よ》き徳《とく》 つみて成《な》る
その蓮座《はちすざ》に 山《やま》と坐《ざ》す
阿弥陀《あみだ》ほとけを おがまなん

金《こん》底《たい》宝《ほう》間《けん》池《ち》生《しょう》華《け》
善《ぜん》根《ごん》所《しょ》成《じょう》妙《めう》(ワル)台《だい》座《ざ》
於《お》彼《ひ》座《ざ》上《じょう》如《にょ》山《せん》王《のう》
故《こ》我《が》頂《ちょう》礼《らい》弥《み》陀《だ》尊《そん》

ここにつどえる　ほとけ子《ご》ら
くすしき力《ちから》　あらわして
み顔《かお》を尊《とうと》み　仰《あお》ぐなる
阿弥陀《あみだ》ほとけを　おがまなん

十《じっ》方《ぽう》所《しょ》来《らい》諸《しょ》仏《ぶっ》子《し》
顕《けん》現《げん》神《じん》通《ずう》至《し》安《あん》楽《らく》
瞻《せん》仰《ごう》尊《そん》顔《げん》常《じょう》恭《く》敬《ぎょう》
故《こ》我《が》頂《ちょう》礼《らい》弥《み》陀《だ》尊《そん》

ものみな空《むな》し　あだなれや

水面《みなも》の月《つき》に　電《でん》・影《よう》・露《ろ》

まぼろしの身《み》と　説《と》きたもう

阿弥陀《あみだ》ほとけを　おがまなん

諸《しょ》有《う》無《む》常《じょう》無《む》我《が》等《とう》

亦《やく》如《にょ》水《すい》月《がつ》電《でん》影《よう》露《ろ》

為《い》衆《しゅ》説《せっ》法《ぽう》無《む》名《みょう》字《じ》

故《こ》我《が》頂《ちょう》礼《らい》弥《み》陀《だ》尊《そん》

悪《あく》の名《な》聞《き》かぬ かの国《くに》よ
道妨《みちさまた》ぐる おそれなく
もろびとあつく 敬《うやま》える
阿弥陀《あみだ》ほとけを おがまなん

彼《ひ》尊《そん》仏《ぶっ》刹《せつ》無《む》悪《あく》名《みょう》
亦《やく》無《む》女《にょ》人《にん》悪《あく》道《どう》怖《ふ》
衆《しゅ》人《にん》至《し》心《しん》敬《きょう》彼《ひ》尊《そん》
故《こ》我《が》頂《ちょう》礼《らい》弥《み》陀《だ》尊《そん》

このみほとけの　はぐくみに
まがれるたぐい　さらになく
さとりの道《みち》に　入《い》らしむる
阿弥陀《あみだ》ほとけを　おがまなん

彼《ひ》尊《そん》無《む》量《りょう》方《ほう》便《べん》境《きょう》
無《む》有《う》諸《しょ》趣《しゅ》悪《あく》知《ち》識《しき》
往《おう》生《じょう》不《ふ》退《たい》至《し》菩《ぼ》提《だい》
故《こ》我《が》頂《ちょう》礼《らい》弥《み》陀《だ》尊《そん》

われみほとけの いさおしを
たたえまつりて 身《み》に得《え》たる
次第にゆっくり
はかりなき徳《とく》 もろびとに
わかちて往《ゆ》かん かのみ国《くに》

我《が》説《せつ》彼《ひ》尊《そん》功《く》徳《どく》事《じ》
次第にゆっくり
衆《しゅ》善《ぜん》無《む》辺《へん》如《にょ》海《かい》水《すい》
所《しょ》獲《ぎゃく》善《ぜん》根《ごん》清《しょう》浄《じょう》者《しゃ》
回《え》施《せ》衆《しゅ》生《じょう》生《しょう》彼《ひ》国《こく》

☞83ページへ（短念仏《たんねんぶつ》・回向《えこう》）

〔念《ねん》仏《ぶつ》〕

ハ調ラ

南《な》無《も》阿《あ》弥《み》陀《だ》ん仏《ぶ》

南《な》無《も》阿《あ》弥《み》陀《だ》ん仏《ぶ》

南《な》無《も》阿《あ》弥《み》陀《だ》ん仏《ぶ》

南《な》無《も》阿《あ》弥《み》陀《だ》ん仏《ぶ》

南《な》

〔和讃《わさん》〕（恩徳讃《おんどくさん》）

ハ調ラ

如《にょ》来《らい》大《だい》悲《ひ》の恩《おん》徳《どく》は

身《み》を粉《こ》にしても報《ほう》ずべし

師《し》主《しゅ》知《ち》識《しき》の恩《おん》徳《どく》も

ほねをくだきても謝《しゃ》すべし

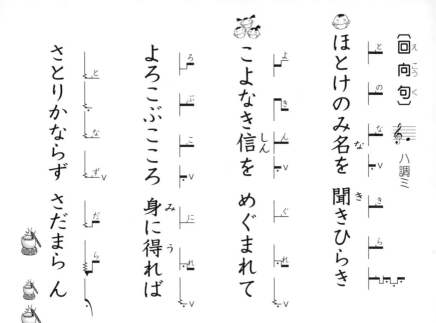

〔回《え》向《こう》句《く》〕

八調ミ

ほとけのみ名《な》を　聞《き》きひらき

こよなき信《しん》を　めぐまれて

よろこぶこころ　身《み》に得《う》れば

さとりかならず　さだまらん

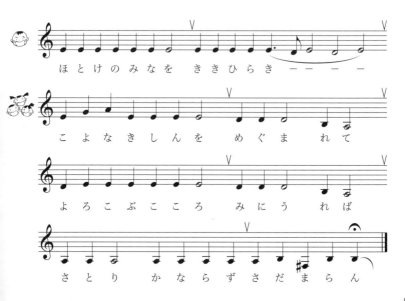

讃《さん》仏《ぶつ》偈《げ》

讃《さん》仏《ぶつ》偈《げ》

仏《ほとけ》さまを讃《たた》えるうたという意味《いみ》で、『仏説無量寿経《ぶっせつむりょうじゅきょう》』の中《なか》にあります。

むかしむかし、一人《ひとり》の国王《こくおう》がいました。ある日《ひ》、国王《こくおう》は世自在王仏《せじざいおうぶつ》という仏《ほとけ》さまと会《あ》いました。仏《ほとけ》さまのすばらしい説法《せっぽう》を聞《き》いた国王《こくおう》は、すべてをすてて弟子《でし》になり、法蔵《ほうぞう》と名《な》のられました。

この『讃仏偈《さんぶつげ》』は、法蔵菩薩《ほうぞうぼさつ》が仏《ほとけ》さまのすばらしさをほめて、自分《じぶん》も仏《ほとけ》になることを固《かた》く心《こころ》に誓《ちか》われたうたです。

「さんだんのうた」は『讃仏偈《さんぶつげ》』をやさしい言葉《ことば》でおつとめしたり、歌《うた》えるようにしたものです。

八調ミ

光《こう》顔《げん》巍《ぎ》巍《ぎ》

威《い》神《じん》無《む》極《ごく》

如《にょ》是《ぜ》焔《えん》明《みょう》

無《む》与《よ》等《とう》者《しゃ》

日《にち》月《がつ》摩《ま》尼《に》

珠《しゅ》光《こう》焔《えん》耀《にょう》

皆《かい》悉《しつ》隠《おん》蔽《ぺい》

猶《ゆ》若《にゃく》聚《じゅ》墨《もく》

如《にょ》来《らい》容《よう》顔《げん》
超《ちょう》世《せ》無《む》倫《りん》
正《しょう》覚《がく》大《だい》音《おん》
響《こう》流《る》十《じっ》方《ぽう》

戒《かい》聞《もん》精《しょう》進《じん》
三《さん》昧《まい》智《ち》慧《え》
威《い》徳《とく》無《む》侶《りょ》
殊《しゅ》勝《しょう》希《け》有《う》

深《じん》諦《たい》善《ぜん》念《ねん》
諸《しょ》仏《ぶつ》法《ほう》海《かい》
窮《ぐ》深《じん》尽《じん》奥《のう》
究《く》其《ご》涯《がい》底《たい》

無《む》明《みょう》欲《よく》怒《ぬ》
世《せ》尊《そん》永《よう》無《む》
人《にん》雄《の》師《し》子《し》
神《じん》徳《とく》無《む》量《りょう》

功《く》勲《くん》広《こう》大《だい》
智《ち》慧《え》深《じん》妙《みょう》
光《こう》明《みょう》威《い》相《そう》
震《しん》動《どう》大《だい》千《せん》

願《がん》我《が》作《さ》仏《ぶつ》
斉《ざい》聖《しょう》法《ほう》王《おう》
過《か》度《ど》生《しょう》死《じ》
靡《み》不《ふ》解《げ》脱《だつ》

布《ふ》施《せ》調《じょう》意《い》
戒《かい》忍《にん》精《しょう》進《じん》
如《にょ》是《ぜ》三《さん》昧《まい》
智《ち》慧《え》為《い》上《じょう》

吾《ご》誓《せい》得《とく》仏《ぶつ》
普《ふ》行《ぎょう》此《し》願《がん》
一《いっ》切《さい》恐《く》懼《く》
為《い》作《さ》大《だい》安《あん》

仮《け》使《し》有《う》仏《ぶつ》
百《ひゃく》千《せん》億《のく》万《まん》
無《む》量《りょう》大《だい》聖《しょう》
数《しゅ》如《にょ》恒《ごう》沙《じゃ》

供《く》養《よう》一《いっ》切《さい》
斯《し》等《とう》諸《しょ》仏《ぶつ》
不《ふ》如《にょ》求《ぐ》道《どう》
堅《けん》正《しょう》不《ふ》却《きゃく》

譬《ひ》如《にょ》恒《ごう》沙《じゃ》
諸《しょ》仏《ぶつ》世《せ》界《かい》
復《ぶ》不《ふ》可《か》計《け》
無《む》数《しゅ》刹《せつ》土《ど》

光《こう》明《みょう》悉《しつ》照《しょう》
徧《へん》此《し》諸《しょ》国《こく》
如《にょ》是《ぜ》精《しょう》進《じん》
威《い》神《じん》難《なん》量《りょう》

令《りょう》我《が》作《さ》仏《ぶつ》
国《こく》土《ど》第《だい》一《いち》
其《ご》衆《しゅ》奇《き》妙《みょう》
道《どう》場《じょう》超《ちょう》絶《ぜつ》

国《こく》如《にょ》泥《ない》洹《おん》
而《に》無《む》等《とう》双《そう》
我《が》当《とう》哀《あい》愍《みん》
度《ど》脱《だつ》一《いっ》切《さい》

十《じっ》方《ぽう》来《らい》生《しょう》
心《しん》悦《ねっ》清《しょう》浄《じょう》
已《い》到《とう》我《が》国《こく》
快《け》楽《らく》安《あん》穏《のん》

幸《こう》仏《ぶっ》信《しん》明《みょう》
是《ぜ》我《が》真《しん》証《しょう》
発《ほっ》願《がん》於《の》彼《ひ》
力《りき》精《しょう》所《しょ》欲《よく》

十《じっ》方《ぽう》世《せ》尊《そん》
智《ち》慧《え》無《む》礙《げ》
常《じょう》令《りょう》此《し》尊《そん》
知《ち》我《が》心《しん》行《ぎょう》

仮《け》令《りょう》身《しん》止《し》
諸《しょ》苦《く》毒《どく》中《ちゅう》

次第にゆっくり

我《が》行《ぎょう》精《しょう》進《じん》
忍《にん》終《じゅ》不《ふ》悔《け》

〔短《たん》念《ねん》仏《ぶつ》〕

ハ調ミ

南《なー》無阿《まー》弥《ん》陀《だー》仏《ぶー》

南《なー》無阿《まー》弥《ん》陀《だー》仏《ぶー》

南《なー》無阿《まー》弥《ん》陀《だー》仏《ぶー》

南《なー》無阿《まー》弥《ん》陀《だー》仏《ぶー》

南《なー》無阿《まー》弥《ん》陀《だー》仏《ぶー》

南《なー》無阿《まー》弥《ん》陀《だー》仏《ぶー》

〔回《え》向《こう》〕

ハ調ミ

願《がん》以《に》此《し》功《く》徳《どく》

平《びょう》等《どう》施《せ》一《いっ》切《さい》

同《どう》発《ほっ》菩《ぼ》提《だい》心《しん》

往《おう》生《じょう》安《あん》楽《らっ》国《こ(く)》

重誓偈
じゅうせいげ

重《じゅう》誓《せい》偈《げ》

重《かさ》ねて誓《ちか》うたという意味《いみ》で、『仏説《ぶっせつ》無《む》量寿経《りょうじゅきょう》』の中《なか》にあります。

法蔵《ほうぞう》菩薩《ぼさつ》は、すべての人《ひと》びとをすくうことのできる仏《ほとけ》になりたいと四十八《しじゅうはち》の願《ねが》いをおこされました。そして「私《わたし》の南無阿弥陀仏《なもあみだぶつ》という名前《なまえ》を世界《せかい》のすみずみまで聞《き》こえさせて必《かなら》ずすくいとるのだ」と重《かさ》ねて誓《ちか》われています。

八調ミ

我《が》建《ごん》超《ちょう》世《せ》願《がん》（引）

必《ひ》至《し》無《む》上《じょう》道《どう》（引）

斯《し》願《がん》不《ふ》満《まん》足《ぞく》（引）

誓《せい》ー不《ふ》成《じょう》正《しょう》覚《がく》（引）

我《が》於《お》無《む》量《りょう》劫《こう》（引）

不《ふ》為《い》大《だい》施《せ》主《しゅ》（引）

普《ふ》済《さい》諸《しょ》貧《びん》苦《ぐ》（引）

誓《せい》ー不《ふ》成《じょう》正《しょう》覚《がく》（引）

我《が》至《し》成《じょう》仏《ぶつ》道《どう》(引)
名《みょう》声《しょう》超《ちょう》十《じっ》方《ぽう》(引)
究《く》竟《きょう》靡《み》所《しょ》聞《もん》(引)
誓《せい》－不《ふ》成《じょう》正《しょう》覚《がく》(引)
離《り》欲《よく》深《じん》正《しょう》念《ねん》(引)

浄《じょう》慧《え》修《しゅ》梵《ぼん》行《ぎょう》(引)
志《し》求《ぐ》無《む》上《じょう》道《どう》(引)
為《い》諸《しょ》天《てん》人《にん》師《し》(引)
神《じん》力《りき》演《えん》大《だい》光《こう》(引)
普《ふ》照《しょう》無《む》際《さい》土《ど》(引)

消《しょう》除《じょ》三《さん》垢《く》冥《みょう》(引)
広《こう》済《さい》衆《しゅ》厄《やく》難《なん》(引)
開《かい》彼《ひ》智《ち》慧《え》眼《げん》(引)
滅《めつ》此《し》昏《こん》盲《もう》闇《あん》(引)
閉《へい》塞《そく》諸《しょ》悪《あく》道《どう》(引)

通《つう》達《だつ》善《ぜん》趣《しゅ》門《もん》(引)
功《こう》祚《そ》成《じょう》満《まん》足《ぞく》(引)
威《い》曜《よう》朗《ろう》十《じっ》方《ぽう》(引)
日《にち》月《がつ》戢《しゅう》重《じゅう》暉《き》(引)
天《てん》光《こう》隠《おん》不《ふ》現《げん》(引)

為《い》衆《しゅ》開《かい》法《ほう》蔵《ぞう》(引)
広《こう》施《せ》功《く》徳《どく》宝《ほう》(引)
常《じょう》於《お》大《だい》衆《しゅ》中《じゅう》(引)
説《せっ》法《ぽう》師《し》子《し》吼《く》(引)

供《く》養《よう》一《いっ》切《さい》仏《ぶつ》(引)
具《ぐ》足《そく》衆《しゅ》徳《とく》本《ほん》(引)
願《がん》慧《ね》悉《しっ》成《じょう》満《まん》(引)
得《とく》為《い》三《さん》界《がい》雄《お》(引)

如《にょ》仏《ぶつ》無《む》礙《げ》智《ち》(引)
通《つう》達《だつ》靡《み》不《ふ》照《しょう》(引)
願《がん》我《が》功《く》慧《え》力《りき》(引)
等《とう》此《し》最《さい》勝《しょう》尊《そん》(引)

斯《し》願《がん》若《にゃっ》剋《こっ》果《か》(引)
大《だい》千《せん》応《おう》感《かん》動《どう》(引)
次第にゆっくり
虚《こ》空《く》諸《しょ》天《てん》人《にん》
当《とう》雨《う》珍《ちん》妙《みょう》華《け》

〔短《たん》念《ねん》仏《ぶつ》〕

ハ調ミ

南《なー》無阿《まー》弥《ん》陀《だー》仏《ぶー》

南《なー》無阿《まー》弥《ん》陀《だー》仏《ぶー》

南《なー》無阿《まー》弥《ん》陀《だー》仏《ぶー》

南《なー》無阿《まー》弥《ん》陀《だー》仏《ぶー》

南《なー》無阿《まー》弥《ん》陀《だー》仏《ぶー》

南《なー》無阿《まー》弥《ん》陀《だー》仏《ぶー》

〔回《え》向《こう》〕

ハ調ミ

願《がん》以《に》此《し》功《く》徳《どく》

平《びょう》等《どう》施《せ》一《いっ》切《さい》

同《どう》発《ほっ》菩《ぼ》提《だい》心《しん》

往《おう》生《じょう》安《あん》楽《らっ》国《こ(く)》

「私《わたし》たちのちかい」についての親教《しんきょう》

「私《わたし》たちのちかい」についての親教《しんきょう》

私は伝灯奉告法要の初日に「念仏者の生き方」と題して、大智大悲からなる阿弥陀如来のお心をいただいた私たちが、この現実社会でどのように生きていくのかということについて、詳しく述べさせていただきました。このたび「念仏者の生き方」を皆様により親しみ、理解していただきたいという思いから、その肝要を「私たちのちかい」として次の四ヵ条にまとめました。

私《わたし》たちのちかい

一《ひとつ》、自分《じぶん》の殻《から》に閉《と》じこもることなく
穏《おだ》やかな顔《かお》と優《やさ》しい言葉《ことば》を大切《たいせつ》にします
微笑《ほほえ》み語《かた》りかける仏《ほとけ》さまのように

一《ひとつ》、むさぼり、いかり、おろかさに流《なが》されず
しなやかな心《こころ》と振《ふ》る舞《ま》いを心《こころ》がけます

心《こころ》安《やす》らかな仏《ほとけ》さまのように

一《ひとつ》、自分《じぶん》だけを大事《だいじ》にすることなく

人《ひと》と喜《よろこ》びや悲《かな》しみを分《わ》かち合《あ》います

慈悲《じひ》に満《み》ちみちた仏《ほとけ》さまのように

一《ひとつ》、生《い》かされていることに気《き》づき

日々《ひび》に精一杯《せいいっぱい》つとめます

人《ひと》びとの救《すく》いに尽《つ》くす仏《ほとけ》さまのように

この「私たちのちかい」は、特に若い人の宗教離れが盛んに言われております今日、中学生や高校生、大学生をはじめとして、これまで仏教や浄土真宗のみ教えにあまり親しみのなかった方々にも、さまざまな機会で唱和していただきたいと思っております。そして、先人の方々が大切に受け継いでこられた浄土真宗のみ教えを、これからも広く伝えていくことが後に続く私たちの使命であることを心に刻み、お念仏申す道を歩んでまいりましょう。

二〇一八（平成三十）年十一月二十三日　浄土真宗本願寺派　門主　大谷　光淳

出典について

◇**浄土真宗の教章（私の歩む道）**〈6ページ〉

二〇〇八（平成二十）年「立教開宗記念法要」における本願寺第二十四代門主（即如上人）のご親教で制定されました。

◇**三つのやくそく**〈8ページ〉

昭和五十年代に少年連盟が『仏説無量寿経』巻下釈迦指勧の文〈『註釈版聖典』55ページ〉を意訳したものです。それぞれ、第一句は「まさにあひ敬愛してあひ憎嫉することなかるべし」、第二句は「有無あひ通じて貪惜を得ることなく」、第三句は「言色つねに和してあひ違戻することなかれ」にあたります。

◇**ちかい**〈9ページ〉

一九五五（昭和三十）年に婦人青少年部において六波羅蜜をもとに考案されたものです。これは、如来の真実清浄ないのちのあり方を拝して、わが身を知らされるものです。

◇**浄土真宗の生活信条**〈10ページ〉

一九五八（昭和三十三）年「大谷本廟親鸞聖人七百回大遠忌法要」における本願寺第二十三代門主（勝如上人）のご消息で制定されました。

◇**意訳勤行**

一九四八（昭和二十三）年「蓮如上人四百五十回遠忌（法要）」の記念事業として意訳されたものです。それぞれ「しんじんのうた」は

『正信念仏偈』、「らいはいのうた」は『十二礼』にあたります。回向句の「ほとけのみ名を……」については『浄土文類聚鈔』結嘆〈『註釈版聖典』497ページ〉に「真実の功徳を聞き、無上の信心を獲れば、すなはち大慶喜を得、不退転地を獲」という同意の文があります。

◇「私たちのちかい」についての親教〈93ページ〉

二〇一八（平成三十）年、「全国門徒総追悼法要（秋の法要）」における本願寺第二十五代門主（専如上人）のご親教でお示しくださいました。

「せいてん」編集方針

子どもがおつとめに利用するものを中心とし、

①子どもが親しみをもてるものとする。

②基本的なたしなみを掲載する。

③教材的な部分と仏教讃歌については、「プトラハンドブック」との併用を前提とする。

④掲載するものは出典を明らかにする。

右記を改訂の編集方針といたしました。

なお、98ページからは、本「せいてん」に掲載されていない『御文章』や『領解文』、仏教讃歌、あるいは所属寺院や本願寺、子ども会の写真を貼るなど、自由に使用できるフリーページといたしました。

フリーページ

食事《しょくじ》のことば

〔食前《しょくぜん》のことば〕

〈合掌《がっしょう》〉

 多《おお》くのいのちと、みなさまのおかげにより、
このごちそうをめぐまれました。

 深《ふか》くご恩《おん》を喜《よろこ》び、ありがたくいただきます。

〔食後《しょくご》のことば〕

〈合掌《がっしょう》〉

 尊《とうと》いおめぐみをおいしくいただき、
ますます御恩報謝《ごおんほうしゃ》につとめます。

 おかげで、ごちそうさまでした。

なまえ	法　名 （ 釋　　　　　）
教区　　　　組	お寺のなまえ
単位会名	

「食事《しょくじ》のことば」解説《かいせつ》

〔食前《しょくぜん》のことば〕

多《おお》くのいのちと、みなさまのおかげにより、このごちそうをめぐまれました。

深《ふか》くご恩《おん》を喜《よろこ》び、ありがたくいただきます。

【解説《かいせつ》】

わたしたちは、食《た》べ物《もの》をいただくことで、毎日《まいにち》を過《す》ごしています。

この食事《しょくじ》には多《おお》くのいのちをいただいています。また、この食事《しょくじ》がわたしの口《くち》に届《とど》くまでには、多《おお》くの方《かた》のご苦労《くろう》もありました。

阿弥陀《あみだ》さまは、わたしたちが、多《おお》くのいのちと、みなさまのおかげによって、初《はじ》めて生《い》きることができているのだと、明《あき》らかにしてくださいました。

このご恩《おん》を思《おも》い、お食事《しょくじ》を大切《たいせつ》にいただきましょう。

〔食後《しょくご》のことば〕

尊《とうと》いおめぐみをおいしくいただき、ますます御恩報謝《ごおんほうしゃ》につとめます。

おかげで、ごちそうさまでした。

【解説《かいせつ》】

お食事《しょくじ》をいただいたわたしたちは、尊《とうと》いおめぐみをいただきました。多《おお》くのいのちと食事《しょくじ》を用意《ようい》してくださった方々《かたがた》のご苦労《くろう》を思《おも》い、そのおかげでいのちをいただいています。

いまここにいのちあるわたしを、必《かなら》ず救《すく》うと願《ねが》い、支《ささ》えてくださっているのが阿弥陀《あみだ》さまです。このご恩《おん》を思《おも》い、阿弥陀《あみだ》さまの願《ねが》いに応《こた》えようと、精一杯《せいいっぱい》に生《い》きていきましょう。

「せいてん」改訂にあたって

「せいてん」は1971（昭和46）年に出版して以来、細かな修正を加えながら34刷を重ねてまいりましたが、時代に即応した「せいてん」を求める声が寄せられ、親鸞聖人750回大遠忌をお迎えするにあたり、改訂することになりました。

そこで、2009（平成21）年に少年連盟加盟の全単位会から集約された意見を検討した上で、97ページに掲載の編集方針を決定し、全面改訂いたしました。

正法弘通の最前線で大いに活用されることを願ってやみません。

せいてん

1971年3月1日初 版　発行（編集　浄土真宗本願寺派少年連盟「せいてん」編集委員会）
2010年4月1日第2版　発行（編集　浄土真宗本願寺派少年連盟「せいてん」改訂委員会）
2016年4月1日第3版　発行（編集　浄土真宗本願寺派少年連盟）
2020年4月1日第4版第１刷　発行

編　集　浄土真宗本願寺派少年連盟
http://shonen.hongwanji.or.jp/

発　行　本願寺出版社
〒600-8501
京都市下京区堀川通花屋町下ル
浄土真宗本願寺派（西本願寺）
TEL075-371-4171　FAX075-341-7753
http://www.hongwanji-shuppan.com/

印　刷　図書印刷株式会社

日本音楽著作権協会（出）許諾第1003003-006号
IT052-SH1-④40-02
ISBN978-4-89416-477-2 C8015

もくじ

仏《ぶっ》教《きょう》讃《さん》歌《か》

真宗宗歌《しんしゅうしゅうか》

作詞　土呂　基
作曲　島崎赤太郎

真宗各派協和会発表

真宗宗歌《しんしゅうしゅうか》

深《ふか》きみのりにあいまつる
身《み》のさち何《なに》にたとうべき
ひたすら道《みち》を聞《き》き開《ひら》き
まことの御旨《みむね》いただかん

永劫《とわ》の闇《やみ》より救《すく》われし
身《み》のさち何《なに》にくらぶべき
六字《ろくじ》の御名《みな》を称《とな》えつつ
世《よ》のなりわいにいそしまん

海《うみ》の内外《うちと》のへだてなく
みおやの徳《とく》のとうとさを
わがはらからにつたえつつ
浄土《みくに》の旅《たび》を共《とも》にせん

敬《きょう》礼《らい》文《もん》

パーリ語讃歌

独吟
ナモ タッサ バガ ヴァー ト アラハ ー ト サンマ サンブッ ダッ サ

三《さん》帰《き》依《え》

パーリ語讃歌

1回目 調声
2回目 同音
ブッダン サラナン ガッ チャ ミ
ダンマン サラナン ガッ チャ ミ
サンガン サラナン ガッ チャ ミ

仏教讃歌

さんだんのうた

仏典意訳
作曲　伊藤　完夫

さんだんのうた

光《ひかり》かがやく　かおばせよ
みいずかしこく　きわもなし
炎《ほのお》ともえて　あきらけく
ひとしきものの　なかりける
月日《つきひ》のひかり　かげかくし
宝《たから》の玉《たま》の　かがやきも
みなことごとく　蔽《おお》われて
さながら墨《すみ》の　ごとくなり
世自在王《せじざいおう》の　おんすがた
世《よ》に超《こ》えまして　たぐいなく
さとりのみこと　高《たか》らかに
あまねく十方《よも》に　ひびくなり

（以下二十番まで）

念《ねん》 仏《ぶつ》

編曲 D. ハント

南《な》無《も》阿《あ》弥《み》陀《だ》「仏」― ― ―
阿《あ》弥《み》― ―
陀《だ》「仏」
南《な》無《も》阿《あ》弥《み》陀《だ》「仏」― ― ―
阿《あ》弥《み》― ― 陀《だ》「仏」
南《な》無《も》阿《あ》弥《み》陀《だ》仏《ぶつ》

次《し》第《だい》

1）開《かい》 扉《ひ》
2）調声人参進《ちょうしょうにんさんしん》
3）一同合掌礼拝《いちどうがっしょうらいはい》
4）敬《きょう》 礼《らい》 文《もん》
5）三《さん》 帰《き》 依《え》
6）さんだんのうた
7）念《ねん》 仏《ぶつ》
8）一同合掌礼拝《いちどうがっしょうらいはい》
9）調声人復席《ちょうしょうにんふくせき》
10）閉《へい》 扉《ひ》

＊献灯《けんとう》および献華《けんか》、献香《けんこう》などを行《おこな》う場合《ばあい》は、調声人参進《ちょうしょうにんさんしん》の前《まえ》に行《おこな》う。

＊加《くわ》えて、集《つど》いのはじめに《真宗宗歌《しんしゅうしゅうか》》、おわりに《恩徳讃《おんどくさん》》を斉唱《せいしょう》する。

《音楽礼拝《おんがくらいはい》について》

音楽礼拝《おんがくらいはい》は、西洋音楽《せいようおんがく》による勤行《ごんぎょう》です。この「せいてん」の音楽礼拝《おんがくらいはい》は、1950年ごろの京都女子学園《きょうとじょしがくえん》で勤《つと》められるようになったものが基本《きほん》となっており、今日《こんにち》では、宗門関係学校《しゅうもんかんけいがっこう》や各種教化団体《かくしゅきょうかだんたい》において、広《ひろ》くお勤《つと》めされています。

恩《おん》徳《どく》讃《さん》（新）

親鸞聖人御和讃
作曲　清水　脩

恩徳讃《おんどくさん》

如来大悲《にょらいだいひ》の恩徳《おんどく》は
身《み》を粉《こ》にしても報《ほう》ずべし
師主知識《ししゅちしき》の恩徳《おんどく》も
ほねをくだきても謝《しゃ》すべし

恩《おん》徳《どく》讃《さん》(旧)

親鸞聖人御和讃
作曲　澤　康雄

にょ ら い だ い ひ の お ん ど く は
み を こ に し て も ほう ず べ し
し しゅ ち し き の お ん ど く も
ほ ね を く だきて も しゃ ー す べ し

恩徳讃《おんどくさん》

如来大悲《にょらいだいひ》の恩徳《おんどく》は
身《み》を粉《こ》にしても報《ほう》ずべし
師主知識《ししゅちしき》の恩徳《おんどく》も
ほねをくだきても謝《しゃ》すべし

朝《あさ》の歌《うた》

作詞　杉崎　大愚
作曲　末広　恭雄

朝《あさ》の歌《うた》

朝《あさ》な朝《あさ》なに　仏教《みおしえ》仰《あお》ぎ
浄《きよ》き勤《つと》めに　いそしむ我等《われら》

朝《あさ》な朝《あさ》なに　仏行《みあと》を慕《した》い
浄《きよ》き思《おも》いを　語《かた》らう我等《われら》

朝《あさ》な朝《あさ》なに　仏証《みさとり》讃《たた》え
浄《きよ》き意《こころ》を　やしなう我等《われら》

慈恩《めぐみ》あふるる　貴《とうと》き一日《ひとひ》
今日《きょう》も捧《ささ》げん　我等《われら》の生命《いのち》

夕《ゆうべ》の歌《うた》

作詞　渡辺　千秋
作曲　藤井　制心

♩=69
敬虔な心持で

夕《ゆうべ》の歌《うた》

静《しず》かにくれゆくこの夕《ゆうべ》
鐘《かね》が鳴《な》る　鐘《かね》が鳴《な》る

世《よ》のなやみをつつみて
鐘《かね》が鳴《な》る　鐘《かね》が鳴《な》る

聞《き》けよ目覚《めざ》めよ同胞《はらから》よ
鐘《かね》が鳴《な》る　鐘《かね》が鳴《な》る

今日《きょう》の感謝《かんしゃ》と幸福《こうふく》の
鐘《かね》が鳴《な》る　鐘《かね》が鳴《な》る

明日《あす》に向《む》かって

作詞　竹田　えり
作曲　綱澤　僚

明日《あす》に向《む》かって

いつでも　どこでも
一人《ひとり》ぼっちの時《とき》でも
君《きみ》のこと　見守《みまも》っているよ
いつでも　どこでも
さみしく辛《つら》いときでも
暖《あたた》かな　光《ひかり》はなち
言葉《ことば》に　しなくても
みんな　みんな　知《し》っている
君《きみ》のその　熱《あつ》い心《こころ》を

さあ　歩《ある》きだそう　手《て》を取《と》りあい
僕《ぼく》たちは　ひとりじゃない
そうさ　希望《きぼう》の光輝《ひかりかがや》く
明日《あす》に　明日《あす》に　向《む》かって

いつでも　どこでも
喜《よろこ》びあふれる時《とき》でも
君《きみ》のこと　見守《みまも》っているよ
いつでも　どこでも
そよ吹《ふ》く風《かぜ》の中《なか》でも
静《しず》かな　微笑《ほほえ》み浮《う》かべ
優《やさ》しい　まなざしで
みんな　みんな　包《つつ》んでる
君《きみ》のその　澄《す》んだ心《こころ》を

さあ　歌《うた》おう　声《こえ》をあわせて
僕《ぼく》たちは　ひとりじゃない
そうさ　希望《きぼう》の光輝《ひかりかがや》く
明日《あす》に　明日《あす》に　向《む》かって
明日《あす》に　明日《あす》に　向《む》かって

仏《ほとけ》の子《こ》供《ども》

作詞　秋田　洪範
作曲　澤　康雄

1.2. わ れ ら は ほ と け の こ ど も な り
う れ し き と き も か な し き と き も
お さ な き と き も お い た る と き も
み お や の そ で ー に す が ー り な ん
み お や に か わ ー ら ず つ か ー え な ん

仏《ほとけ》の子供《こども》

我等《われら》は仏《ほとけ》の子供《こども》なり
嬉《うれ》しき時《とき》も
悲《かな》しき時《とき》も
み親《おや》の袖《そで》にすがりなん

我等《われら》は仏《ほとけ》の子供《こども》なり
幼《おさな》き時《とき》も
老《お》いたる時《とき》も
み親《おや》にかわらずつかえなん

正《しょう》信《しん》念《ねん》仏《ぶつ》偈《げ》

(行譜《ぎょうふ》「善導《ぜんどう》」以下《いか》)

念《ねん》　仏《ぶつ》

和《わ》　讃《さん》

回《え》　向《こう》

正信念仏偈《しょうしんねんぶつげ》（行譜《ぎょうふ》「善導《ぜんどう》」以下《いか》）・念仏《ねんぶつ》・和讃《わさん》・回向《えこう》

◉お勤《つと》めの楽譜《がくふ》について

○  がある部分《ぶぶん》は、調声人《ちょうしょうにん》が唱《とな》えます

○  がある部分《ぶぶん》は、全員《ぜんいん》で唱《とな》えます

○「'」は、声明《しょうみょう》のアタリを示《しめ》しています

※五線譜《ごせんふ》で表現《ひょうげん》すると、おおよそこのようになります

正信念仏偈（行譜「善導」以下）

ぎょ うじゃ しょ うじゅ こ んご うし ーん
きょうーき ー い ちね んそ うお うご ーー
よ い だ ーいと ーうぎゃ くさ んに ん
そ くしょ う ほッ しょーーうし じょ うら ーく
げ んし んこ うか いい ちだ いけ ーう
へ んーき ー あ んにょ うか んいッ さ ーい
せ んぞ うし ーうし ーんは んせ んじ ん
ほ うけ に どーー しょ うべ んり ーう

ご くじ うあ くに んゆ いしょ うぶ ーつ
が ーや ーくざ いひ せッ しゅ ち ーう
ぼ んの うしょ ーうげ ーんす いふ け ん
だ いひ む け ーーんじょ う せ う が ーー
ほ んし げ んくう みょ うぶッ け ーう
れ んーみ ーんぜ んま く ぼ んぶ に ーん
し んしゅう け ーうしょ ーうこ う へ んし う
せ んじゃ く ほ んがーーんぐ あ く せ ーー

げ んら いしょ うじ り んで んげ ーー
け ーッちー ぎ じょ うい しょ し ーー
そ くに うじゃ ーくじょ ーうむ い ら く
ひッ ち し んじーーんい の うに ーう
ぐ きょ うだ いじ しゅ し と ーう
じょ うーさ ーいむ へ んご くじょ くあ ーく
ど うぞ くじ ー しゅー ぐ ど うし ん
ゆ い か し んし こ うそ うせ ーつ

初重

な も あ み だ ーー ん ぶ
な も あ み だ ーー ん ぶ
な も あ み だ ん ぶ
な も あ み だ ん ぶ
な ー も あ み だ ーー ん ぶ
な ー も あ み だ ー ん ぶ な

和讃〈一首目〉

正信念仏偈・念仏・和讃・回向

和讃〈二首目〉

ちえの　こうみょうはかりなしーー
うりょうのしょそう　ことごと　とく
こうけうかむらァぬ　ものは　なし
しんじつみょうに　きみょー　せよ
な　もあ　みだーーんぶ
な　もあ　みだーーんぶ
な　もあ　みだ　んぶ
なーー　も

二重

あ みだ んぶ ー
な もあ みだ んぶ
な もあ みだ んぶ
な もあ みだ ーんぶ ー
な もあ みだ んぶ
な もあ みだ んぶ
な もあ みだーーんぶ な

和讃〈三首目〉

げだつのこうりんきわもなし ーー ー ー
こうそくかむるーものはみ な
うーむをはなると のべたもお
びょうどうかくに きみょー せよ
な もあ みだ んぶ
な もあ みだ ーんぶ ー
な もあ みだ んぶ
な もあ みだーーんぶ な

和讃〈四首目〉

こ う う ん む げ にょー こ ー く ーー ー ー
いッ さ い の う げ に ー さ わ り な し
こ う た く か む ら ぬ も の ぞ な き
な ん じ ー ぎ を き みょー せ よ
な も あ み だ ん ぶ
な も あ み だ ん ぶ
な も あ み だ ー ん ぶ ー

三重

な も あ み だ ー ー ん ぶ
な も あ み だ ー ー ん ぶ
な も あ み だ ー ー ん ぶ
な ー も あ み だ ー ん ぶ
な も あ み だ ー ー ん ぶ
な も あ み だ ー ー ん ぶ
な ー も あ み だ ー ん ぶ な

和讃〈五首目〉

正信念仏偈・念仏・和讃・回向

和讃〈六首目〉

ぶーッこうせうえう　さいだいいち
こうえんのうぶッと　なづけたり
さんずのこくあん　ひらくなり
だいおうぐゥを　きみょーせよ

回向

がんにしくどーーくー
びょうどうせいーッさい
どうほつぼだいしん
おうじょうあんらーこ（く）

作法
<small>さ　　ほう</small>

1. ご三尊《さんぞん》（本堂《ほんどう》お内陣《ないじん》の例《れい》）

蓮如上人《れんにょしょうにん》　阿弥陀如来《あみだにょらい》（南無阿弥陀仏《なもあみだぶつ》）　親鸞聖人《しんらんしょうにん》

「南無阿弥陀仏《なもあみだぶつ》」一《ひと》つですくわれることをお示《しめ》しになり、おすすめくださった方《かた》です。教《おし》えを開《ひら》かれたという意味《いみ》から「ご開山《かいさん》」「宗祖《しゅうそ》」ともお呼《よ》びしています。

「南無阿弥陀仏《なもあみだぶつ》」の声《こえ》になって、いつでも、どこでも、どんな人《ひと》も分《わ》けへだてなくすくいとる仏《ほとけ》さま。私《わたし》の一生《いっしょう》に寄《よ》りそい、導《みちび》いてくださいます。

本願寺《ほんがんじ》第八代《だいはちだい》の宗主《しゅうしゅ》で、親鸞聖人《しんらんしょうにん》の教《おし》えを、受《う》けとりやすい言葉《ことば》でたくさんの人《ひと》に伝《つた》えてくださった方《かた》です。

（この場所《ばしょ》には、先師御影《せんしごえい》をご安置《あんち》する場合《ばあい》もあります）

2. 姿《し》勢《せい》

お参《まい》りするときは、姿勢《しせい》を正《ただ》して静《しず》かにしましょう。

①座《すわ》ったときの姿勢《しせい》

ひざをそろえ、背《せ》すじをのばして座《すわ》ります。
手《て》は、お念珠《ねんじゅ》を持《も》った左手《ひだりて》を上《うえ》にして組《く》み、ひざの上《うえ》に置《お》きます。
お話《はなし》を聞《き》くときは、その人《ひと》の顔《かお》を見《み》るようにします。

②立《た》っているときの姿勢《しせい》

かかとをそろえ、からだ全体《ぜんたい》をまっすぐにして立《た》ちましょう。

③いすに座《すわ》ったときの姿勢《しせい》

いすに深《ふか》く腰《こし》かけ、背《せ》すじをのばし、足《あし》をそろえます（開《ひら》かない）。
手《て》は座《すわ》ったときと同《おな》じようにして、ひざの上《うえ》に置《お》きます。

3．合《がっ》　掌《しょう》

合掌《がっしょう》は、指《ゆび》をそろえて伸《の》ばし、手《て》のひらを静《しず》かに合《あ》わせます。

合《あ》わせた手《て》に念珠《ねんじゅ》をかけ、親指《おやゆび》で軽《かる》くおさえます。

ひじを軽《かる》くからだにそえ、合《あ》わせた手《て》を、胸《むね》のまん中《なか》につけ、指先《ゆびさき》は、からだと約《やく》45度《ど》の角度《かくど》にします。

そうして阿弥陀《あみだ》さまのお姿《すがた》を見《み》ながら、お念仏《ねんぶつ》を称《とな》えます。

4．礼《らい》　拝《はい》

礼拝《らいはい》は、合掌《がっしょう》したまま上体《じょうたい》をゆっくり約《やく》45度《ど》の角度《かくど》で前《まえ》へかたむけて礼《れい》をし、静《しず》かにはじめの姿勢《しせい》に戻《もど》してから、手《て》をそっとおろします。

「導師《どうし》」または「調声人《ちょうしょうにん》」がおられるときには、「導師《どうし》」または「調声人《ちょうしょうにん》」に合《あ》わせて合掌《がっしょう》や礼拝《らいはい》をしましょう。

5．念珠《ねんじゅ》・「せいてん」・式章《しきしょう》

お参《まい》りするときは、いつも念珠《ねんじゅ》を持《も》ちましょう。

念珠《ねんじゅ》や「せいてん」は、阿《あ》弥陀《みだ》さまのみ教《おし》えを聞《き》く私《わたし》たちにとって、とても大切《たいせつ》なものですから、特《とく》にていねいにあつかいましょう。

机《つくえ》がないときには、ひざの上《うえ》やかばん、念珠袋《ねんじゅぶくろ》の上《うえ》に置《お》きます。

◎

畳《たたみ》の上《うえ》などに直接《ちょくせつ》置《お》かないように注意《ちゅうい》しましょう。

×

式章《しきしょう》を着《つ》けるときには、首《くび》のところにくる紋《もん》（マーク）の向《む》きに気《き》をつけましょう。

◎

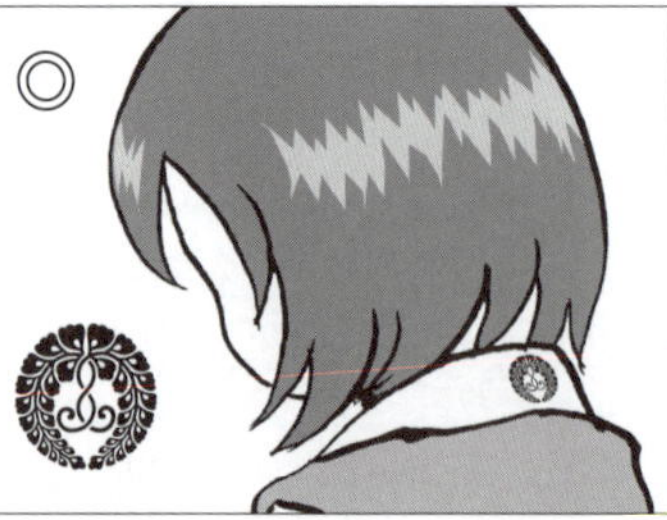

×

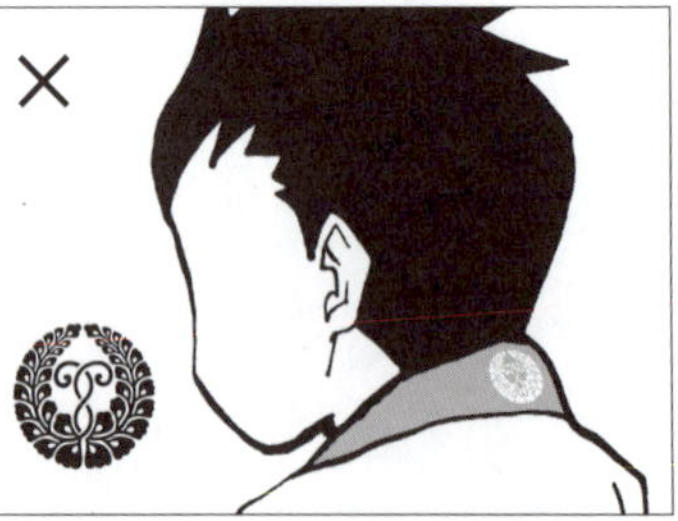

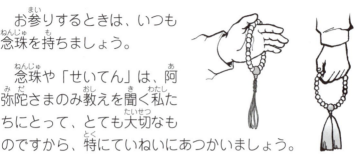

6．おつとめ（勤行《ごんぎょう》）

「せいてん」などにのっているご文《もん》を声《こえ》に出《だ》して読《よ》むことをおつとめ（勤行《ごんぎょう》）といいます。

おつとめのはじめに発声《はっせい》する人《ひと》を、「導師《どうし》」または「調《ちょう》声人《しょうにん》」といいます。

「せいてん」を開《ひら》くときには、ていねいに額《ひたい》の高《たか》さにいただき、手《て》に持《も》っておつとめをします。

おつとめが終《お》わったら、「せいてん」を閉《と》じて、ていねいにいただきましょう。

7．気《き》をつけること

お寺《てら》や本堂《ほんどう》に出入《でい》りするときは、
帽子《ぼうし》をとって、おじぎをします。

本堂《ほんどう》の中《なか》では、
帽子《ぼうし》をとりましょう。

＊本堂《ほんどう》の中《なか》は、静《しず》かに歩《ある》きましょう。

8. お焼《しょう》香《こう》

お香《こう》をたくことをお焼香《しょうこう》といいます。かおりのよいお香《こう》をたいて、阿弥陀《あみだ》さまのおこころを思《おも》いながらお参《まい》りしましょう。

①香炉《こうろ》の前《まえ》に進《すす》み出《で》て軽《かる》くおじぎをして、座《すわ》ります。

②香盒《こうごう》（お香《こう》の入《い》れ物《もの》）のふたをとって右《みぎ》はしにかけ、お香《こう》を一回《いっかい》だけつまんで、いただかずに香《こう》をたき、香盒《こうごう》のふたを戻《もど》します。

③阿弥陀《あみだ》さまに向《む》かい、合《がっ》掌《しょう》・お念仏《ねんぶつ》・礼拝《らいはい》をします。

④静《しず》かに立《た》ちあがって、軽《かる》くおじぎをして、もとのところへかえります。

＊立《た》ってお焼香《しょうこう》するときも、同《おな》じようにします。

＊お線香《せんこう》をたくときは、
香炉《こうろ》の大《おお》きさに合《あ》わせて折《お》り、
横《よこ》にねかせます。